# 옳다는 말 궁금하여

이광호 시조집

인지
생략

들꽃시선 150

옳다는 말 궁금하여

지은이/이광호
펴낸이/문창길
초판인쇄/2023년 03월 25일
초판펴냄/2023년 03월 30일
펴낸곳/도서출판 들꽃
주 소/100-273 서울 중구 서애로 27(필동3가) 서울캐피탈빌딩 B202호
전 화/02)2267-6833, 2273-1506
팩 스/02)2268-7067
출판등록/제2-0313호
E-mail:dlkot108@hanmail.net

값 10,000원
*파본된 책은 바꾸어 드립니다.

ISBN 978-89-6143-226-9 03810



■ 이 시집은 2022년 한국예술인복지재단 창작디딤돌 지원사업에 선정되어 발간되었습니다.

들꽃시선 150

# 옳다는 말 궁금하여

이광호 시조집

들꽃

| 자서 |

우루과이 라운드 협상이 타결되던 해 쌀농사가 타산이 맞지 않을 거라 해서 쌀농사를 포기해야 할 것인가 고민하다가 문득 쌀은 왜? 쌍시옷알일까? 쌀이란 말을 둘로 나누면 살과 살이요, 살이란 사람의 준말이고, 사람의 시옷 자음은 한자의 사람인자와 모양과 뜻이 같으니 '쌀' 이란 우리 민족의 살들이 아닐까?

그리고 삶이란 말 또한 사람을 줄인 말이라 살 미음의 미음자는 '먹다' 의 자음이고 삶에서 시옷을 떼면 앎이 되는데 쌀농사 지어 알곡을 생산하여 먹을 줄 앎이 '앎' 즉 지식의 출발이였다면 한글은 농업과 깊은 연관이 있을 것이라 생각한다.

기역부터 히읗까지 모양과 뜻을 살피고 기록하여 두고 또 여러 사람들에게 알려주고 싶었지만 처음에 내 말과 설명을 듣는 모든 사람들 특히 중고등학교에 다니던 제 아들딸들까지 당치않은 생각이니 제발 생각을 접으세요.

특히 남들에게 말하지 마시라는 부탁까지 받으면서 현재의 모양 글 시조를 짓기 까지 혼자 삼십년 제 인생의 황금기가 어느새 다 지나갔습니다.

그래도 금년에 또 한권의 시조집을 세상에 내 보내기로 하였습니다. 한 작은 농사꾼에게 선뜻 출판 기금을 지원해주신 당국에 깊은 감사를 드립니다.

2023년 3월에 이광순

## 차례



### 제1부 알과 닭소리

## 제2부 엽 글자 자음 바뀌고

| 옳다는 말 궁금하여 |



## 제3부 봄날 아침

| 옳다는 말 궁금하여 |



## 제4부 바른 모음

| 옳다는 말 궁금하여 |

# 제1부
# 알과 닭소리

# 칠순에 잠이 깨어서

모든 이 없다 말한 혼자 오래 찾다보니
가만히 떠오르는 모양 글 시조 한 수
칠순에 잠이 깨어서 어디 한 번 그려볼까?

# 알과 닿소리

괭이를 닮은 기역 알이랑 합해지니
논 갈고 모를 내어 여름내 가꾼 저-들녁
가을은 논 갈던 갈을 늘인 말로 거두네

낫이랑 닮은 니은 알이랑 합해지니
일년을 삼백육십오 날일로 나눠놓은
칼날의 날이란 본래 낫에서 나온 말일세

동굴을 닮은 디귿 알이랑 합해지니
초승달 날마다 다른 일주기는 한 달이라
그믐달 리을 떨어진 문장 끝 '다' 되었다.

몸기랑 같은 리을 알이랑 합해지니
랄랄랄 지랄춤을 꼭 한번 추고파도
리을은 발가벗은 몸 웅크리고 앉았네

입구랑 같은 미음 알이랑 합해지니
말이란 입으로 낳은 마음 알이 아닌가

참말로 잘된 농사란 말과 되로 된다네

외눈목 횡으로 나눈 비읍 알 합해지니
혼자 눈 갈 수 없고 발이란 볼 수 없어
비바람 줄인 발걸음 함께 농사 짓는다네

사람인 꼭같은 시옷 알이랑 합해지니
살다가 사라질까 살 미음 더한 삶이라네
쌍시옷 쌀을 나눈 말 살과 살이 아니던가

아리랑 본래 말이 알이란 걸 잊지마오
소리값 없다 말한 모양글 참 아름다움
중국을 이응 달아준 한자에 없는 동그라미

대기권 지구어깨 시옷에 금을 그은
지읒은 땅 지 자음 알이랑 합해지니
농사꾼 가장 잘한 일 땅에서 거둔 알곡일세

하늘 천 꼭같은 치읓 알이랑 합해지니
비 내린 그 다음에 빛이 되는 비 치읓
온 들녘 가득 차올라 해마다 풍년드소서

칼도 변 닮은 키읔 알이랑 합해지니

칼이란 키읔 알이라 살상의 도구가 아닌
어머니 부엌 도마질 도막도막 알 낳는 소리

디귿을 터서 만든 티읕 알과 합해지니
탈 쓰고 춤을 추면 탈나던 양반님들
통일도 막힌 벽 툭 터 오고가면 되련만

사람과 지구 어깨 무릎 꿇은 지평선 사이
팔과 나무 기둥 세운 피읖 알과 합해지니
두 팔로 안아주시던 산수풀 같은 어머님 품

하늘그림 히읗자음 알이랑 합해지니
할머니 할아버지 영혼을 거둔 알곡
올히읗 하늘 오른 뒤 옳다는 말 꼭 들어야

# 묘전에서

어머니 머와 머는 며느리 첫 글자라
사랑 애 이응받침 목숨 명 탄생 울음
다음을 이어내리는 누가 대신 하리오

아버지 버와 버는 무논에 벼를 가꾼
순 알몸 리을 받침 벌레 벌 별이 되어
저-멀리 맑은 밤하늘 이슬처럼 반짝이다

그래서 그랬을까? 돌아가신 부모님께
명절날 벌초하고 절을 드린 묘전에서
묘란 말 묘하디 묘한 어미모만 둘이라

# 부부

부부란 같은 글자 한글 말고 또 있을까?
한 평생 몸과 마음 함께 살아 뿌듯하고
나누는 어느 한 사람 니은 달면 부분이라

있다는 쌍시옷이 없다는 하나일 때
없을 무 영이 아닌 사랑노래 부른 모습
업시옷 업었다 내린 셋이 웃고 살아라

# 날개를 곱게 접은 새

섬 시옷 다가오고 지나가는 산 시옷
이른 새벽 살구나무 사람들아 일어나소
날개를 곱게 접은 새 옆 모습은 시옷일세

# 연

소년은 소녀에게 니은을 줄 수 없다
행여나 욕이 될까 몸과 마음 애 태우다
저-멀리 노년을 함께 연을 맺어 살았다

# 비움과 채움

벼 베고 보리 갈면 가을일 다 끝낸 줄로
흐린 날 희망하던 하늘 일만 남았더니
빈-들녁 비가 내리는 보리움을 틉니다

빛이란 꽃말처럼 치읓을 받쳐 쓰니
비 치읓 비가 내린 그 다음 빛이라야
겨우네 얼었다 풀린 봄보리 밭 채웁니다

# 낚시

일일이 묻지 마오 어찌다 안단말을
언어란 큰 바다에 낚싯대 드리우고
이따금 놀빛 한마디 모양글을 낚으오

# 삶

접었다 펼친그림 삶이란 사람이다
시옷을 지웠더니 앎이 되는 무엇일까?
알 미음 농사지어서 먹고 살줄 알란다

# 노을빛 휘감아 돌려

칼도 변 키읔자는 말없이 꼭 닮았다
새로 산 자전거를 폼 재며 타고 가다
노을빛 휘감아 돌려 칼 비 내린 바퀴살

# 흔들며 아니라 해도

절반과 부분일 때 비읍자음 왜? 썼을까?
외눈목 잘라 만든 쌍비읍 때문일세
흔들며 아니라 해도 평생 걸린 내 대답이라

# 외눈목 나눈 쌍비읍

여덟팔 칼 도변에 나눌 분 읽을 때랑
우리네 팔도강산 분단된 비읍자음
외눈목 나눈 쌍비읍 예쁜 두 눈 때문일까?

# 올해는 더군다나

아내는 몸과 맘이 나보다는 늘 무겁다
끝없는 집안일과 큰 아들 결혼 걱정
칠순이 내일모랜데 다리 절며 김을 맨다

호적이 세살 늦어 기초연금 늦었다며
어딘가 손해 봤다 힘든 일로 바꾸련 듯
나이든 쉬었다 하란 귓등으로 흘린다

올해는 더군다나 뻘 낙지가 많이 잡혀
저절로 절던 다리 살망살망 통을 끌며
해질녘 마중 나오란 사리간조 손꼽는다

# 질문과 답변

모내기 하여놓고 얼마나 거둘가고
지웃일 미음운을 제 혼자 두런대며
날마다 논두렁 돌아 동그라미 그린 날들

답이란 논답이라 단순하게 생각하라
벼니은 수확할쯤 노란색 아니드냐
한 생애 긴 질문 끝에 마지막을 듣는 답변

# 농부야

새소리 함께 일어나 논 갈러가는 농부야
글 못 읽는 걱정마라 일기역 하는 중이니
알미음 올가을 알곡 거둘 줄을 아는 이

# 산그늘 길어져서

산그늘 길어져서 온 밤을 덮는 걸까?
서녁에 타는 노을 날아가고 싶은 저녁
재 너머 등짐 저내린 돌아보니 사라졌네

# 앞동산 낼 아침 붉새

저녁놀 함께 타는 구름아 서운하다
가뭄에 금간 무논 언제쯤 매울려나
앞동산 낼 아침 붉새 물들이면 싶어라

# 널뛰기

널뛰기 널 사랑해 서로 높인 한평생
너는 훌쩍 여자라서 나는 펄쩍 남자 되어
널빤지 널밥을 먹인 우리사랑 널뛰기

# 폭포랑 분수랑 둘이

폭포는 떨어져도 모음은 올라가고
분수는 올라가도 모음은 내려오네
폭포랑 분수랑 둘이 모음 서로 널뛰네.

# 구름은 왜? 운일까?

구름은 왜? '운' 일까? 허 공중 떠 있는 동안
애타게 비를 빌어 우러러 본 '공' 글자
'운' 다고 눈물 난 듯이 어서 내려 주소서

# 이끼와 끼니

이끼란 말 바꿈질로 끼니가 되었을까?
식솔끼리 모를 내고 점심 한 끼 먹으면서
순록을 치던 먼-옛날 언어화석 떠올라

# 머리를 동편에 두고

허리가 아픕니까? 이런 혹시 어떨까요?
부부 함께 나란히 버릇된 잠자리라
머리를 동편에 두고 남과 북을 바꾸세요

# 모닥불

숲이란 낱말자음 피읖을 떼어다가
시뻘건 모닥불 피운 듯 들어보소
새도록 안주를 굽던 도란도란 이야기

# 몽돌 밭에서

밤낮을 꿈만 꾸나 꿈이란 몽이라서
생전에 어머님이 이른 새벽 봇쌀 대낀
몽돌 '몽' 문질러 돌려 글 '움' 틔운 동그라미

마파람 하늬바람 숨결로 밀린 파도
닳아서 더 길어진 초승달 해변일까
서릿발 보리를 밟던 눈을 감고 딛는다

간간이 떠오르는 풍경으로 담아두고
얼마나 작아져야 새로 '움' 터 오를까?
까만콩 모래 시루에 바닷물을 핑긴 밤

# 조금에 대하여

염소가 풀을 뜯는 울음소리 본을 받아
조금씩 고루고루 날마다 한 평생을
책갈피 장을 넘긴 듯 마음 가꾼 일기역

지읒오 새싹 올라 그 미음 고개 숙인
저-들녘 가득한 곡식 먹을 몫 얼마 일꼬
쫓기며 쪼아 먹고 간 참새만큼 더 할까?

올 농사 거둬들인 작년만 못한대도
짓는 농사 절반이요 큰 절반 하늘이라
해마다 되로 되어서 주는 만큼 살아라

# 제2부
# 엽 글자 자음 바뀌고

# 점심때 그물 걷어다

삼년된 헌 그물을 스믄여 빙- 둘러놨다
두 아들 아내랑 함께 양파밭 거름 깔고
점심때 그물 걷어와 전어회를 먹었다.

# 말로만 그러마고

말로만 그러마고 지키지 않았다면
말되라 리을 받친 마음까지 다 잃는다
잃다의 일 히읗이란 하늘자음 그 아니더냐

# 금년에도 추석날

금년에도 추석날 밤 목서꽃은 피었는데
드높은 노랫가락 향기 섞던 이웃들은
두 번을 더 나아간 뜻 떠나가고 말았네.

# 행여나 그늘 짙을까?

학교를 다녔거나 종교를 가졌을 때
하늘은 아래 한데 높을 고 둘이라니
교만에 젖지 않을가 지는 노을 비춰보라

고와 고 교보다 더 염려되는 '높' 글자라
피읊자 윗선 그은 대기권에 놓인 의자
나라를 다스리는 곳 거기 앉은 사람들아!

두 무릎 꿇고 앉은 낮은 땅 지평선에
놉으로 살아가는 그 사람들 노비라네
행여나 그늘 짙을까? 해 구름 잘 비추소서!

# 신

신이란 글을 뇌어 이리저리 살펴보니
시니은 바로 서서 앉은 듯 편한 마음
신발도 당신 육신을 편히 모신 신이라

# 한줄기 빗방울 보탠

물은 왜? 수라 했을까? 시옷 우 살펴보니
첫눈에 떠오르는 우산 때문이었을까?
산시옷 우 모음이라 산 때문이었겠네

산시옷 겹산으로 골짜기 더욱 깊어
비 내린 양쪽 비탈 흘러내린 모양새라
한자의 뫼산 보다는 글 물 흐름 참 좋아라

물은 왜? 수라 했을 이것이 내 대답이다
혼자서 삼십년을 깨치던 한글모양
한줄기 빗방울 보탠 시-냇물로 흘러라

# 늙은 어부 아무개는

갯마을 모래 언덕 늙은 어부 아무개는
아내랑 몰래 살짝 밤에만 어장 간다.
낮 동안 밭일도 할 겸 경비선에 또 잡힐라

발밑에 뛰는 고기 텃밭이나 다름없이
조상님 시절부터 물 때 맞춘 조금사리
왜? 잡지 말라는 걸까? 중국배도 아닌터에

어촌계 관할수역 벗어난 적 한 번 없고
칠 팔순 허옇도록 땅끝 마을 지킴이들
나라가 그래라 하면 훈장 준 듯 하련만

# 엽 글자 자음 바뀌고

병이란 알약 몇 알 주사 맞고 낫는 걸까?
벼 이응 둥근 알곡 노랑 잎 당연한 걸
엽 글자 자음 바뀌고 황금들녘 병들었네

# 움직이는 방

방과 밤 아무래도 밑받침이 바뀌었나
아니오! 한옥 짓고 살아온 탓이라오
먼-옛날 유목민 시절 움직이는 방이였오

# 작은 풀꽃 한 송이

어느 날 혼자 산속 왔던 길 잃어버린
큰 바다 한가운데 작은 섬 서성이듯
움직여 사방을 찾는 작은 풀꽃 한 송이

# 옳다는 말 궁금하여

옳다는 말 궁금하여 사전을 찾았더니
히읗을 왜? 달았을까? 아무 말이 없구나
죽어서 하늘 오른 뒤 남들에게 들어라.

# 슬픔도 가다듬어얄

쓸쓸한 거기 어디 쌍시옷이 외롭다네
슬픔의 '슬' 글자가 둘이라서 그럴거야
'슬' 보다 '픔' 피읖 자음 깊이 한 번 살펴보세

씨앗을 심을 때는 너무 깊이 덮지 말고
더 높이 키 클 때도 공기층을 넘지 못한
슬픔도 가다듬어얄 여기 세상 정감일세

# 글과 말

글이란 소리를 그린 그림의 준말일까?
홑소리 닿소리를 뜻글인양 풀어보니
미음알 입에서 나온 알이란 말 아닌가.

# '아니오' 하고 살기가

'예' 란말 단음절에 삼음절 '아니오' 라
영어는 단칼처럼 예스 '노' 아니던가
'아니오' 하고 살기가 서너 배나 어렵네

# 둥근달 떠오른 다리

섬 처녀 뭍을 향한 첫 사랑 그리움을
뱃사공 건네주던 애틋한 전설같은
둥근달 떠오른 다리 저-건너가 없어졌네

# 저녁 종소리

종소리 물결 따라 하염없이 전해다오
대기권 지구어깨 산을 넘어 파동 치는
댕그랑 사랑 동그라미 저녁노을 붉어라.

# 큰 돌 두 개 놓았더니

대문을 달지 않고 큰 돌 두개 놓았더니
돌보고 돌아왔나 아들둘이 돌아왔네
동구 밖 크고 작은 돌 쌓아두면 싶구나.

# 한글은 시옷 지읒 치읓

하늘과 땅이 생긴 그 다음 사람이라
아니다 사람 있고 마침내 땅과 하늘
한글은 시옷 지읒 치읓 차례차례 모양 짓다

시옷은 사람자음 옷을 입고 활보하고
지읒은 땅지자음 어깨 높이 금을 긋고
치읓은 하늘천이라 뇌 하날 더 점찍었다

사람을 줄인 낱말 삶이란다 떠올리니
땅에서 알곡 생산 먹을 줄 앎이잖니
하늘은 함께 살다가 혼자 돌아가는 곳

# 곱다는 이 말까지도

한 고비 곱게 넘는 이른 새벽 빗소리라
마지막 큰재 몰랑 어제 뿌린 들깨 밭에
곱다는 이 말까지도 파종 후 비 내림일까?

# 눈 아래 머금은 미소

입은 왜? 비읍일까? 눈이 보는 자음인데
혀끝에 먹는 음식 맛을 보기 때문이라
눈 아래 머금은 미소 볼우물이 곱구나

# 산시옷 겹산이라니

우뚝 선 큰 산 하나 빙-두른 앞산 둘레
비스듬 몸 기울며 버-스타고 지나갈 때
산시옷 겹산이라니! 무릎 치던 모양 글

# '찾' 다에 대하여

'찾' 다란 무엇일까? 치읓과 지읒이라
하늘천 치읓이요 지읒은 땅 지 자음
저-하늘 비와 빛으로 이 땅 곡식 '찾' 느니

# 차 한 잔을 마시며

참아라! 잘 참았다 끓인 찻물 식을 동안
차 마음 그렇잖니 차 한 잔을 마시면서
잠깐만 성패가 걸린 갈림길이 되리니

# 새 움튼 움직임은

새 움튼 움직임은 비우 내려 미음 먹고
지기역 자라 올라 열린 열매 또 떨어져
한 걸음 움직인 탓에 땅 한 바퀴 다 덮었네

# 봄이란 보 미음이라

바람에 술렁이는 늦은 봄 보리이삭
보리보 비읍 오는 팬 보리 그림같네
봄이란 보 미음이라 보리 먹는 계절일까?

# 제3부
# 봄날 아침

# 봄날 아침

도다리 잡아다가 쑥국을 끓일 가고
소라끝 고운 일몰 그물자망 하였더니
푸드덕! 개 숭어떼가 줄을 지어 올라오네

아무리 많이 잡아도 늦게 가면 헐값인데
절반쯤 보던 그물 부표 달아 던져 둔 채
서둘러 도착한 수족관 활어 망들 가득 찼네

처음엔 입찰가격 괜찮다 싶더니만
맨 나중 저희 고긴 값이 너무 안 나왔다
애두런 아내 모습이 짠해 보인 봄날 아침

# 옥수수

아버지! 빨리 심어 제값을 받아야죠
아들아! 며칠 늦춰 늦서리 피하란다
농사란 금메달 아닌 평년작을 이르니

# 한글도 깊은 잠을 깬

기억을 기억하란 억과 억은 기역일까?
기역을 바꿜 역한 니은자가 아니더냐
기역과 니은을 합한 먹는 자음 미음이라

글 모양 풀 줄 아는 사람 혹시 손 들어요
예상은 그럴 거란 생각은 하였지만
육백년 소리글로만 잃어버린 한글 모양

글이란 그림 그린 줄인 말이 아니더냐
알 깨고 떠난 노래 아리랑을 부르면서
한글도 깊은 잠을 깬 글 모양을 살피세

# 역

역이란 바뀔 역이다 기역니은 달력처럼
이달이 작았기로 다음 달은 커질거야
시골 역 텅-빈 지금아! 다음역이 보이잖니

# 떡

조상님 차례 모신 떡을 나눠 먹으면서
쌍디근 떡 하나를 쪼갠 말 덕이더라
올 한 해 세상을 향한 음덕하나 쌓으란다

# 갈등

논 글자 거꾸로 쓴 나라 국 되옵나니
여야 간 쟁깃밥을 밀어올린 갈등 같은
물 넣고 로타리 저어 모내기를 합니다.

# 숲 글자 피읖 자리에

비오는 날 펼쳐든 우산은 산이 되고
산 시옷 새 울음소리 흘러내린 시냇물
숲 글자 피읖 자리에 글집 짓고 살고 싶소

# 도마소리

길 도자 말 마자 먼-동튼 말 발굽소리
도마기역 도마기역 새벽사랑 파종하는
키읔알 칼을 가지고 살모살모 알 낳는 소리

# 흉년에 리을 몸 하나

더하기 덜기하다 더하기 덜기라니
리을자 떼고 더한 리을자 달고 덜어
흉년에 리을 몸 하나 있고 없는 탓일 거야

# 단시조 그리움 한 편

글자와 그림자는 모자지간 아닐가고
세상사 살아가며 떠오르는 흰 그림자
단시조 그리움 한 편 글 그림을 그리다

# 아침 해 둥근 동산에

이른 새벽 도막도막 말 달리는 도마소리
빌헬름텔 쏘아 맞춘 아들머리 사과처럼
아침 해 둥근 동산에 둘러앉은 웃음소리

# 하얀 설날 빕니다.

눈 글자 거꾸로 쓰면 곡 글자 되옵나니
동지섣달 함박눈은 오뉴월 비가 되어
벼농사 풍년 드소서 하얀 설날 빕니다.

논 글자 그렇구나 국 글자 마찬가지
올 농사 풍년 들면 내년 식량 넉넉하고
아직은 잊지 마소서 공장에선 못 만드오.

# 가슴에 옹달샘 하나

옹기랑 보름달을 합해서 빚었을까?
조그만 넘치는 정 큰강물 번져 가듯
가슴에 옹달샘 하나 품어두고 살아라

# 하늘벼 어두움 트는

청풍은 저녁노을 월등한 명월인데
긴-들녁 하얀 머리 거뭇한 나그네사
하늘벼 어두움 트는 둑길 총총 별 세상

# 봄비

말소리 비오는 밤 귀엣말 소곤소곤
양 이틀 심어놓은 옥수수 모종들아
새 뿌리 하얗게 내려 부리부리 먹어라.

# 쌍충사

사람인 닮은 글자 쌍시옷 두 분일세
해와 달 둥근 이응 사랑처럼 받쳐달고
쌍충사 해마다 봄날 모충의 예 올리네

충이란 그렇구나! 하늘천 꼭 같은 치읓
가뭄끝 비 내린 듯 영웅 둘 보내셨네
손죽도 마파람 불고 부산바다 샛바람

와!~하고 몰려온 왜적 내리치는 장검소리
외국을 '외' 라 않고 '왜' 라고 불렀던가!
후대에 꼭! 전하소서! '와' 를 막은 칼 모음

# 뜻대로

그럴 듯 반듯하여 듯과 듯은 뜻이랄까
하려는 그대 그리 뜻대로 하시지요
먼 훗날 헤어진 다음 오늘 돌아본 그리움

# 농번기 때 농부야

별보일 때 집 나섰다 반짝일 때 돌아오는
들일하러 들에 갔다 산에 안긴 저녁노을
밤하늘 벼 리을 가꾼 농번기 때 농부야

# 산길을 내려오다

산길을 내려오다 '오' 모음 맞는 걸까?
비 내린 새움 터서 모란을 꽃 피운 듯
칠순에 떠올려보는 스므살적 그대 얼굴

# '다름' 에 대하여

하루도 같은 날 없는 달음은 다름 되고
볼음이 가장 큰 보름달도 단 하루
초승달 '다' 된 그뭄밤 같은 날이 없구나.

## 발과 바람

바람을 줄인 말이 발이라 생각하니
발이란 비읍 알로 비읍은 보는 자음
바람도 비를 머금고 움직여서 내린다네

발 혼자 갈수 있는 볼 수가 전혀 없고
혼자 눈 볼 수 있는 갈수가 또한 없어
비읍 알 둘이 하나 된 알곡 생산 하였다네

바람도 마찬가지 보는 자음 비읍이라
움직임 없는 비가 한 곳에만 내렸다면
온 세상 눈을 떠올린 푸른 숲이 보였을까

한글도 글 모양을 살핀 재미 알아보세
있다는 쌍시옷이 없다는 하나처럼
모양 글 묻어둔 씨앗 비를 맞은 눈을 뜨세

# '멈' (추다)에 대하여

모양글로 날마다 시조 한 편 짓다 보니
어제까지 떠오르던 오늘저녁 멈추다
멈이란 어머니 머에 미음 달린 젖먹이

# '똑' 이란 '독독' 두드려

읽을 독 독서란다 디귿으로 글쓴 모양
디귿자 돌려세운 빈독이랑 '똑' 같구나
'똑' 이란 '독독' 두드려 가을 알곡 채운 소리

# 저녁놀

나 리을 날개를 달고 날아오른적 없는데
농번기 활활 타오른 누가 쏜 불화살일까?
찾아서 떠나고 싶은 신기루 같은 저녁놀

# 글 그림

그리운 그대 모습 속으로만 그리다가
마음 속 담아 나온 마에다 리을 달고
말로만 금방사라질 글 그림을 그리다.

# 제4부
# 바른 모음

# 가을비

옷 한 벌 껴입고 나선 쌀쌀한 아침 들녘
보리를 갈아두고 애타게 가물었던
이랑에 고인 물 없이 땅속까지 다 젖었네.

# 물에서 리을 떼니

물에서 리을 떼니 없을 무 되는구나
갈지자 아니더라 고갯길 오르넘는
강물도 굽이굽이를 리을자로 흐르잖니.

# 묵…

자기 것 너무 아낀 욕심을 탓하지 말자
공금을 횡령하고 뇌물죄 처벌함을
오히려 탓하는 놈들 거꾸로 매달았네.

# 가뭄에 물 주면서

가뭄에 물 주면서 몸소 느낀 한글모양
리을은 물 흐르는 그 모습 아닐가고
물에서 리을 떼어낸 없을 무를 먹는 미음

도랑물 시냇물은 리을자로 흐르더라
눈 감고 따라 내린 천천히 넓어지고
한 인생 물방울 보태 큰 바다로 흘러드니

가면서 함께 모여 비춰보는 하늘나라
하늘은 아래 하요 바다해가 아닐런가
늙은이 지나온 날들 돌아보고 그래라

지읒은 땅지 자음 우모음 비 내림은
주소서! 그 낱말뜻 얼마나 빌었던가!
비바람 움직인 구름 줄여 쓰는 발인 것을

비읍알 너무 빨리 서둘러 가지 마오
다히읗 닿을 곳은 달이 저믄 하늘이니

천천히 하늘 두 번길 멈춘 듯이 가소서!

# 가을볕 장작을 패

긴 장짜 지을 작자 피읖 같은 우물정자
가을볕 장작을 패 마당에 쌓아두니
은은한 생목 향기는 노을처럼 번지네

# 농삿일 한 평생 동안

산비탈 밭을 갈 듯 한 밤중 책을 펼친
일만하면 소가 되고 공부하는 도깨비라
농삿일 한 평생 동안 고될수록 글을 쓰오.

# 거울 앞에서

거울아! 앞뒤 걸면 맑은 거울 철들겠니
앞만 보고 살았으니 뒤도 한 번 돌아보세
고향을 떠난 적 없어 돌아갈 길 영 잃었네.

# 바른 모음

키란 칼 세워둠에
옆으로 크라 했다

알 깨고 떠난 노래 아리랑을 부르면서

저-멀리
날 새워 살까
바른 모음 이른 어른

# 짚은 왜?

짚은 왜? 피읖 받침 새벽녘 눈뜬 걱정
이엉 엮어 지붕 덮고 땅바닥 멍석을 펴
가마니 알곡 펴 담아 쌓아올린 피읖자

# 굴 작업

드디어 그믐이다 굴 작업 끝나는 날
둘째는 하기 싫다 말이 없는 큰아들
온가족 껍질 쌓기역 스므날을 갈랐네.

# 짚신이야기

짚신을 삼았단다 아들하고 아버지가
좌판을 벌렸는데 아버지만 잘 팔리던
'털' 하고 돌아가실 때 유언하신 한마디

# 나라국 거꾸로 돌린

나라를 줄인 말이 날이 되는 이 말 뜻은
날마다 농번기 때 벼를 심어 가꾸란다
나라’ 국’ 거꾸로 돌린 ‘논’ 이 되는 그 말이라

# 빈 집에 잠깬 아이

연꽃이 피었다고 못가에 가지마라
빈 집에 잠깬 아이 저-혼자 아장아장
대문이 열려 있구나 어이 할꼬 이 일을

# 역사는 무쇠 솥에다

외침을 막으려고 울타리 둘렀더니
'군' 글자 거꾸로 돌려 '곤' 봉친 총질해댄
역사는 무쇠 솥에다 묵은 죄를 삶으리

# 한글은 농삿일 함께

한 말은 열 되라야 말이 되는 경우란다
한마디 말을 할 때 열번 더 생각하라
한글은 농삿일 함께 글모양을 지었단다

# 어떤 피읖

옆구리 윙크처럼 쿡! 찌른 피읖일 때
뒷머리 치렁치렁 떠난 모습 고와라
솔숲에 풍기던 향기 피읖은 가슴이였네

# ‘갖’ 다에 대하여

무엇을 갖고 싶은가? 날개달린 돈이련가
모양글로 살펴본 갖는다는 그렇구나
가지읒 가꾸고 싶은 시골터전 장만하소.

나이 먹은 훗날에 벼가 익듯 변한 마음
찾아온 어린 시절 차분히 새기다가
영으로 돌아갔다네 아름다움 아닌가.

# 별 속엔 아버지가

별 속엔 아버지가 버섯처럼 서있다
버와버 벼가되고 벼와벼 뼈가되어
벼리을 뼈로 쓴 낱말 밤하늘이 빛난다.

# 생각을 멀리

생일날 리을 떼고 나이 먹어 가면서 들
자랑타 외국여행 다녀옴도 하 좋지만
머리에 리을 받침한 생각을 멀리 두소서

# 땀을 또 둘로 쪼개니

매운 고추 먹으면서 열나고 땀 흐를 때
열을 한번 갈라보소 얼얼하단 말이 되고
땀을 또 둘로 쪼개니 결린담 절로 풀리네.

# '알다' 를 아십니까?

'알다' 를 아십니까? 사전풀이 없습니다
알곡을 농사지어 먹고 살줄 아느냔데
모양 글 배운 적 없어 생각조차 못합니다.

앎이란 알 미음에 삶이란 살 미음을
미음자 입구 닮은 먹다 자음 이려니와
기역과 니은을 합한 미음자가 됩니다

기역은 괭이모양 니은은 낫을 닮아
기역으로 뿌린 씨앗 니은으로 거둠이라
아직은 땅에서 밖에 알곡 생산 없으니

이 세상 모든 사람 바꿔먹고 살아가는
밖 글자 쌍기역에 비우모음 바꾸다란
쌍기역 씨앗 뿌려서 알곡 농사 거둠이라

회사에 근무하여 월급 받아 사먹거나
다양한 직업으로 우여곡절 바꿔먹은

결국엔 모든 사람들 알곡 먹고 살아가는

알다는 알겠으나 이것 하나 모르겠소
작으나 한 평생을 농사짓고 살면서도
소중한 알곡 가꾸는 귀한 줄을 왜? 모를까

# 노을이 저문 밤하늘

남자가 남이 되어 남으로 떠난 시베리아
긴-시대 열차타고 횡단 한 번 하고픈 밤
노을이 저문 밤하늘 북극성은 빛난다.

# 보름달 북소리

여야에 이응받침 둥근달 영양되소서
청군백군 줄다리기 힘껏 당긴 운동회날
허!허!허! 보름달 북소리 하늘 보고 웃지요.

# 피읖은 두이에다

깊다와 높다 엔 왜? 피읖자음 놓였을까?
피읖은 두이에다 기둥 세운 글 아닌가
씨앗을 묻어둔 깊이 싹을 터 자란 그 높이

앞과 옆은 피읖인데 무릎까지 그렇구나
뒤는 왜? 없는 걸까 돌아오란 뜻일까?
어깨랑 무릎 선 긋고 두 팔 기둥 세운 글

# 신단수 흉내를 낸 듯

살다가 사라지는 알몸 리을 어디가고
우린 또 누가 심어 가꾸는 도중일까?
불태운 재 한 그릇을 흔적이라 하올런지

봉분은 이제 그만 아비석 자랑 말고
큰 나무 뿌리 근처 그늘 밑에 묻어다오
한여름 무성했다가 낙엽 지는 느티나무

천년쯤 흐른 세월 옛날로 돌아가서
고조선 단군님들 나랏일 의논하신
신단수 흉내를 낸 듯 둘러앉은 후손들

# 속마음 애를 태워도

똑같은 빠르긴데 큰 배는 느릿느릿
비바람 심할수록 흔들림 없이 가네
속마음 애를 태워도 느릿느릿 건너가소